拘留所条例

中国法制出版社

拘留所条例

JULIUSUO TIAOLI

经销/新华书店

印刷/涿州市新华印刷有限公司

开本/850×1168 毫米 32　　印张/0.75　字数/8 千

版次/2012 年 3 月第 1 版　　2012 年 3 月第 1 次印刷

中国法制出版社出版

书号 ISBN 978-7-5093-3540-6　　定价：4.00 元

北京西单横二条 2 号　邮政编码 100031　　传真：66031119

网址：http：//www.zgfzs.com　　**编辑部电话：66066627**

市场营销部电话：66017726　　**邮购部电话：66033288**

目　　录

中华人民共和国国务院令

第 614 号

《拘留所条例》已经 2012 年 2 月 15 日国务院第 192 次常务会议通过，现予公布，自 2012 年 4 月 1 日起施行。

总　理　温家宝

二〇一二年二月二十三日

拘留所条例

第一章　总　　则

第一条　为了规范拘留所的设置和管理，惩戒和教育被拘留人，保护被拘留人的合法权益，根据有关法律的规定，制定本条例。

第二条　对下列人员的拘留在拘留所执行：

（一）被公安机关、国家安全机关依法给予拘留行政处罚的人；

（二）被人民法院依法决定拘留的人。

第三条　拘留所应当依法保障被拘留人的人身安全和合法权益，不得侮辱、体罚、虐待被拘留人或者指使、纵容他人侮辱、体罚、虐待被拘留人。

被拘留人应当遵守法律、行政法规和拘留所的管理规定，服从管理，接受教育。

第四条　国务院公安部门主管全国拘留所的管理

工作。县级以上地方人民政府公安机关主管本行政区域拘留所的管理工作。

第二章　拘　留　所

第五条　县级以上地方人民政府根据需要设置拘留所。拘留所的设置和撤销，由县级以上地方人民政府公安机关提出意见，按照规定的权限和程序审批。

第六条　拘留所应当按照规定的建设标准，设置拘留区、行政办公区等功能区域。

第七条　拘留所依照规定配备武器、警械，配备交通、通讯、技术防范、医疗和消防等装备和设施。

第八条　拘留所所需经费列入本级人民政府财政预算。

第三章　拘　留

第九条　拘留所应当凭拘留决定机关的拘留决定文书及时收拘被拘留人。需要异地收拘的，拘留决定机关应当出具相关法律文书和需要异地收拘的书面说明，并经异地拘留所主管公安机关批准。

第十条 拘留所收拘被拘留人，应当告知被拘留人依法享有的权利和应当遵守的规定。

拘留所收拘被拘留人后，拘留决定机关应当及时通知被拘留人家属。

第十一条 拘留所收拘被拘留人，应当对被拘留人的人身和携带的物品进行检查。被拘留人的非生活必需品及现金由拘留所登记并统一保管。检查发现的违禁品和其他与案件有关的物品应当移交拘留决定机关依法处理。

对女性被拘留人的人身检查应当由女性人民警察进行。

第十二条 拘留所发现被拘留人可能被错误拘留的，应当通知拘留决定机关，拘留决定机关应当在24小时内作出处理决定；对依照《中华人民共和国治安管理处罚法》第二十一条的规定不应当被执行拘留的，拘留所不予收拘，并通知拘留决定机关。

第十三条 拘留所发现被拘留人吸食、注射毒品成瘾的，应当给予必要的戒毒治疗，并提请拘留所的主管公安机关对被拘留人依法作出社区戒毒或者强制隔离戒毒的决定。

第四章　管理教育

第十四条　拘留所应当建立值班巡视制度和突发事件应急机制。值班巡视人员应当严守岗位，发现问题及时报告并妥善处理。

拘留所应当安装监控录像设备，对被拘留人进行安全监控。

第十五条　拘留所应当根据被拘留人的性别、是否成年以及其他管理的需要，对被拘留人实行分别拘押和管理。

对女性被拘留人的直接管理应当由女性人民警察进行。

第十六条　拘留所应当建立被拘留人管理档案。

第十七条　拘留所应当按照规定的标准为被拘留人提供饮食，并尊重被拘留人的民族饮食习惯。

第十八条　拘留所应当建立医疗卫生防疫制度，做好防病、防疫、治疗工作。

拘留所对患病的被拘留人应当及时治疗。被拘留人患病需要出所治疗的，由拘留所所长批准，并派人民警察管理；被拘留人患有传染病需要隔离治疗的，拘留所应当采取隔离治疗措施。

被拘留人病情严重的，拘留所应当立即采取急救措施并通知被拘留人的亲属。

第十九条 拘留所发现被拘留人有下列情形之一的，应当建议拘留决定机关作出停止执行拘留的决定：

（一）患有精神病或者患有传染病需要隔离治疗的；

（二）病情严重可能危及生命安全的。

第二十条 为被拘留人提供的拘留期间生活必需品应当由拘留所检查登记后转交被拘留人。非生活必需品，拘留所不予接收。

第二十一条 拘留所应当对被拘留人进行法律、道德等教育，组织被拘留人开展适当的文体活动。

拘留所应当保证被拘留人每日不少于2小时的拘室外活动时间。

拘留所不得强迫被拘留人从事生产劳动。

第二十二条 被拘留人检举、揭发违法犯罪行为经查证属实或者被拘留人制止违法犯罪行为的，拘留所应当予以表扬。

第二十三条 被拘留人有下列违法行为之一的，

拘留所可以予以训诫、责令具结悔过或者使用警械：

（一）哄闹、打架斗殴的；

（二）殴打、欺侮他人的；

（三）故意损毁拘留所财物或者他人财物的；

（四）预谋或者实施逃跑的；

（五）严重违反管理的其他行为。

拘留所人民警察对被拘留人使用警械应当经拘留所所长批准，并遵守有关法律、行政法规的规定。

第二十四条 被拘留人在拘留期间有新的违法犯罪嫌疑的，拘留所应当报告拘留所的主管公安机关处理；拘留所发现被拘留人收拘前有其他违法犯罪嫌疑的，应当通知拘留决定机关或者报告拘留所的主管公安机关处理。

第二十五条 拘留所保障被拘留人在拘留期间的通信权利，被拘留人与他人的来往信件不受检查和扣押。被拘留人应当遵守拘留所的通信管理规定。

第二十六条 拘留所保障被拘留人在拘留期间的会见权利。被拘留人应当遵守拘留所的会见管理规定。

会见被拘留人应当持有效身份证件按照规定的时间在拘留所的会见区进行。

被拘留人委托的律师会见被拘留人还应当持律师执业证书、律师事务所证明和委托书或者法律援助公函。

第二十七条 被拘留人遇有参加升学考试、子女出生或者近亲属病危、死亡等情形的，被拘留人或者其近亲属可以提出请假出所的申请。

请假出所的申请由拘留所提出审核意见，报拘留决定机关决定是否批准。拘留决定机关应当在被拘留人或者其近亲属提出申请的12小时内作出是否准予请假出所的决定。

被拘留人请假出所的时间不计入拘留期限。

第二十八条 被拘留人或者其近亲属提出请假出所申请的，应当向拘留决定机关提出担保人或者交纳保证金。有关担保人和保证金的管理按照《中华人民共和国治安管理处罚法》的有关规定执行。

被拘留人请假出所不归的，由拘留决定机关负责带回拘留所执行拘留。

第二十九条 被拘留人提出举报、控告，申请行政复议，提起行政诉讼或者申请暂缓执行拘留的，拘留所应当在24小时内将有关材料转送有关机关，不得检查或者扣押。

第五章　解除拘留

第三十条　被拘留人拘留期满，拘留所应当按时解除拘留，发给解除拘留证明书，并返还代为保管的财物。

第三十一条　被拘留人在解除拘留时有下列情形之一的，拘留所应当向有关机关或者单位移交被拘留人：

（一）依法被决定驱逐出境、遣送出境的；

（二）依法被决定执行刑事强制措施的；

（三）依法被决定社区戒毒、强制隔离戒毒的；

（四）依法被决定采取强制性教育矫治措施的。

第六章　附　　则

第三十二条　执行拘留的时间以日为单位计算，从收拘当日到第2日为1日。

第三十三条　国家安全机关设置的拘留所，由国家安全机关依照本条例的规定进行管理。

第三十四条　被公安机关依法给予行政强制措施

性质拘留的人在拘留所执行拘押，应当与本条例第二条规定的被拘留人分别拘押，具体管理办法由国务院公安部门参照本条例规定。

第三十五条 本条例自2012年4月1日起施行。

国务院法制办、公安部负责人就《拘留所条例》公布实施答记者问

《拘留所条例》已于2012年2月15日由国务院第192次常务会议审议通过，将于2012年4月1日起施行。新华社记者日前就这部行政法规的有关问题，采访了国务院法制办、公安部有关负责同志。

问：为什么要制定《拘留所条例》？

答：拘留所是依法执行行政拘留、司法拘留以及强制措施性质拘留的场所。1990年公安部公布施行的《治安拘留所管理办法（试行）》，对于规范拘留所执法工作，保障被拘留人的合法权益发挥了重要作用。但是，随着形势的发展变化，该办法已经无法适应新时期拘留所工作的需要：一是该办法只是针对受治安处罚的被拘留人的管理做出规定，没有对司法拘留等

其他被拘留人的管理做出规定；二是由于该办法效力低，对拘留所的场所设置、基础建设、经费保障等问题难以做出规定。近年来，各地拘留所在实践中探索积累了不少好的经验和做法，一些行之有效的管理制度、教育模式和执法程序都需要进行总结，有必要将其上升为行政法规规范拘留所工作。条例的出台对于贯彻依法治国的宪法原则，加强法治政府建设，促进公安机关规范执法，提高拘留所执法管理水平，维护和保障被拘留人合法权益，都具有十分重要的意义。

问：拘留所拘留的对象有哪些？

答：我国法律规定了四种拘留：刑事拘留、行政拘留、司法拘留和行政强制措施性质的拘留。被刑事拘留的犯罪嫌疑人关押在看守所，其他三种拘留对象都在拘留所执行拘留。被行政拘留的人员，是指被公安机关、国家安全机关依照《治安管理处罚法》、《国家安全法》等有关法律给予拘留行政处罚的人员；被司法拘留的人员，是指被人民法院依照民事、行政诉讼法等有关法律决定拘留的人员；被执行行政强制措施性质拘留的人员，是指公安机关按照《外国人入境出境管理法》被依法决定拘留审查的外国人、按照《集会游行示威法》和《戒严法》等法律被依法现场立即予以拘留的人员，对这些人员只是在拘留所采取临时性的强制性拘留措施，公安机关经审查后再依法作出处理。

考虑到行政拘留、司法拘留是处罚性拘留，与行政强制措施性质拘留有所不同，条例把行政强制措施性质的拘留放在附则中规定，要求与行政拘留、司法拘留人员分别拘押，具体管理办法授权国务院公安部门参照本条例规定。

问：《拘留所条例》主要规定了哪些内容？

答：相对于《治安拘留所管理办法（试行）》，条例规定的内容主要体现在四个方面：一是以行政法规的形式明确了拘留所的设置和保障，解决了长期困扰拘留所工作的基础性、保障性难题。二是健全完善了拘留所的职责。条例将行政拘留、司法拘留和行政强制措施性质的拘留人员全部纳入拘留所的收拘对象，完善了对被拘留人员的相关管理规定。三是明确了基本工作规范。条例全面地对拘留所的收拘、安全检查、值班巡视、应急处置、生活卫生、教育工作、请假出所、解除拘留等各个执法和管理环节作出了规定，这些规定是对长期以来拘留所管理工作好做法、好经验的总结，是新时期新形势对公安监所管理工作新要求的具体体现。四是突出了对被拘留人合法权益的保障。坚持以人为本，维护和保障被拘留人合法权益是条例的一项基本原则，围绕这个原则作出的具体规定充分体现了尊重与保障人权的宪法精神，体现了执法为民的公安机关执法宗旨，回应了人民群众对公安监所管理工作的新期盼。

问：条例对保障被拘留人的合法权益有哪些具体规定和要求？

答：近年来，随着我国民主法治建设的不断发展，被拘留人合法权益保障问题日益受到社会的高度关注。条例将保障被拘留人的人身安全和合法权益作为立法原则，从以下几个方面完善了对被拘留人合法权益的保障：一是在权利义务告知方面，要求拘留所收拘被拘留人，应当告知被拘留人依法享有的权利和应当遵守的规定。要求拘留决定机关应当及时通知被拘留人家属。二是在生活饮食方面，要求拘留所应当按照规定的标准为被拘留人提供饮食，并尊重被拘留人的民族饮食习惯。三是在医疗卫生方面，拘留所应当建立医疗卫生防疫制度，做好防病、防疫、治疗工作。对患病的被拘留人应当及时治疗。拘留所发现被拘留人患有精神病、传染病或者病情严重可能危及生命安全的，应当建议拘留决定机关作出停止执行拘留的决定。四是在日常作息方面，明确了被拘留人每天不少于2小时的拘室外活动时间；不得强迫被拘留人从事生产劳动。五是在通信权方面，拘留所保障被拘留人在拘留期间的通信权利，被拘留人与他人的来往信件不受检查和扣押。六是在会见权方面，拘留所保障被拘留人在拘留期间的会见权利。七是在检举控告权方面，被拘留人提出举报、控告，申请行政复议，提起行政诉讼或者申请暂缓执行拘留的，拘留所应当在24小时内将有关材料转送有关机关，不得检查或者扣押。八是在对女性被拘留人权利保障方面，要求对女性被拘留人的人身检查应当由女性人民警察进行。对女性被拘留人的直接管理应当由女性人民警察进行。九是特殊情形下的请假出所权，被拘留人遇有参加升学考试、子女出生或者近亲属病危、死亡等情形的，被拘留人或者其近亲属可以提出请假出所的申请，拘留决定机关应当在被拘留人或者其近亲属提出申请的12小时内作出是否准予请假出所的决定。

问：条例在规范拘留所民警执法管理工作方面有什么具体要求？

答：规范拘留所民警的执法，保障拘留的正确执行，惩戒和教育被拘留人，是条例立法的根本目的。条例对拘留所的执法管理和教育工作作了相应的规定：一是规定拘留所应当凭拘留决定文书收拘被拘留人，对可能被错误拘留的应当通知拘留决定机关作出处理决定，对符合法定不予收拘情形的，拘留所不予收拘，并通知拘留决定机关；二是规定拘留所应当建立值班巡视制度和突发事件应急机制，建立医疗卫生防疫制度，对被拘留人实行分别拘押和监管制度，进行法律道德教育，对有违法行为的被拘留人可以予以训诫、责令具结悔过或者使用警械；三是规定了对拘留期满的被拘留人解除拘留以及对有其他违法行为需要移交给有关机关和单位继续处理的情形。条例颁布实施后，国务院公安部门将按照条例的精神，制定具体的实施办法，对执法管理制度作进一步的细化，便于执行和操作。同时，各级公安机关将认真组织拘留所民警对条例进行学习培训，切实按照条例要求，全面规范执法管理工作，不断提升拘留所管理水平。

附：

中华人民共和国
治安管理处罚法（节录）

（2005年8月28日第十届全国人民代表大会常务委员会第十七次会议通过　2005年8月28日中华人民共和国主席令第38号公布　自2006年3月1日起施行）

……

第二十一条　违反治安管理行为人有下列情形之一，依照本法应当给予行政拘留处罚的，不执行行政拘留处罚：

（一）已满十四周岁不满十六周岁的；

（二）已满十六周岁不满十八周岁，初次违反治安管理的；

（三）七十周岁以上的；

（四）怀孕或者哺乳自己不满一周岁婴儿的。

……

第一百零七条 被处罚人不服行政拘留处罚决定，申请行政复议、提起行政诉讼的，可以向公安机关提出暂缓执行行政拘留的申请。公安机关认为暂缓执行行政拘留不致发生社会危险的，由被处罚人或者其近亲属提出符合本法第一百零八条规定条件的担保人，或者按每日行政拘留二百元的标准交纳保证金，行政拘留的处罚决定暂缓执行。

第一百零八条 担保人应当符合下列条件：

（一）与本案无牵连；

（二）享有政治权利，人身自由未受到限制；

（三）在当地有常住户口和固定住所；

（四）有能力履行担保义务。

第一百零九条 担保人应当保证被担保人不逃避行政拘留处罚的执行。

担保人不履行担保义务，致使被担保人逃避行政拘留处罚的执行的，由公安机关对其处三千元以下罚款。

第一百一十条 被决定给予行政拘留处罚的人交纳保证金，暂缓行政拘留后，逃避行政拘留处罚的执行的，保证金予以没收并上缴国库，已经作出的行政拘留决定仍应执行。

第一百一十一条 行政拘留的处罚决定被撤销，或者行政拘留处罚开始执行的，公安机关收取的保证金应当及时退还交纳人。

……